BENOÎT MOLIN

Fotos Philippe Exbrayat
Foodstyling Olivia Nikitenko

Raffiniertes im Glas

40 Vorspeisen und Desserts

Haben Sie Ihre Gerichte schon einmal im Glas serviert? Köstliches in Gläsern in Szene zu setzen ist originell und sorgt für den Aha-Effekt bei Ihren Gästen! Durch die Schichtung farblich verschiedener Zutaten im Glas wirken selbst simpelste Vorspeisen und Desserts beeindruckend – im Alltag ebenso wie bei Feiern und Festen.

Es macht Spaß, kleine Gerichte so effektvoll zu präsentieren – aber nicht nur! Es sorgt auch für eine spielerische und ungezwungene Form des gemeinsamen Essens: Mit dem Glas muss man nicht am Tisch sitzen, man kann es im Sommer unkompliziert mit in den Garten nehmen und bei Büffets, Partys oder Stehempfängen einfach in der Hand halten. Außerdem haben Sie durch diese Zubereitungsart mehr von Ihren Gästen, denn die Gläser kann man prima vorbereiten und direkt vor dem Servieren wieder erwärmen.

Dieses Buch versammelt 40 Rezepte für köstliche Kreationen im Glas, die Sie natürlich auch auf Tellern zubereiten können, wenn Sie Lust dazu haben!

Benoît Molin

Inhalt

4 | VORSPEISEN IM GLAS

46 | DESSERTS IM GLAS

90 | REZEPTÜBERSICHT
91 | VERZEICHNIS DER ZUTATEN

Vorspeisen

LAS

Hackfleisch-Kartoffel-püree mit Tomaten

Für 6 Personen
6 Whiskygläser
Zubereitung: 1 Stunde

800 g Kartoffeln (Bintje) • 500 g Rinderhack • 6 Tomaten •
2 gehackte Zwiebeln • 2 gehackte Schalotten • 1 Knoblauchzehe • 6 Rosmarinzweige • 400 ml Milch •
2 EL Crème fraîche • 100 g Butter • Öl • 1 TL Zucker •
Salz • Pfeffer aus der Mühle

Kartoffeln schälen, in gleichmäßig große Stücke schneiden und 30 Minuten in ge-
salzenem Wasser kochen. Milch in einem Topf zum Sieden bringen. Die Kartoffeln
abgießen, in die Flotte Lotte geben und direkt in den Topf mit der heißen Milch
pressen. Mit dem Schneebesen unterrühren, dabei 80 g in Stücke geschnittene
Butter und die Crème fraîche zufügen. Das Püree salzen, pfeffern und noch einmal
umrühren. Beiseitestellen.

Die Tomaten mit einem Schaumlöffel 10 Sekunden in kochendes Wasser tauchen,
häuten und in kleine Würfel schneiden. Die Hälfte der gehackten Zwiebel und
Schalotte bei starker Hitze etwa 4 Minuten in einer Pfanne in Öl anbraten. Die
Tomaten und den gehackten Knoblauch zufügen, 40 Minuten bei schwacher Hitze
köcheln lassen und hin und wieder umrühren. Den Zucker zufügen, salzen und
pfeffern. Wenn der Sud zu flüssig ist, noch einige Minuten weiterkochen oder in
den Mixer geben, um eine sämigere Konsistenz zu erhalten. Beiseitestellen.

Den Rest der Butter in einer Pfanne schmelzen. Das Hackfleisch mit dem Rest der
gehackten Zwiebel und Schalotte bei schwacher Hitze 15 Minuten anbraten. Salzen
und pfeffern.

In jedes Glas zunächst eine Schicht Hackfleisch, dann eine Schicht Tomatensud und
eine Schicht Püree füllen und das Ganze einmal wiederholen. Mit einem Zweig
Rosmarin garnieren.

Sie können die Gläser einige Stunden vor dem Servieren zubereiten und sie in der
Mikrowelle oder im Wasserbad wieder erwärmen.

Taboulé

Für 6 Personen
6 Wassergläser
Zubereitung: 20 Minuten + 2 Stunden Kühlzeit

300 g mittelfeiner Couscous • 7 reife Tomaten • 1 Gurke •
2 gehackte Zwiebeln • 50 g gehackte schwarze Oliven ohne
Kern • 2 EL frisch gehackte Petersilie • 1 EL fein gehackte
frische Minze • Saft von 3 Zitronen • 4 Tropfen Tabasco® •
6 EL Olivenöl • Salz • Pfeffer aus der Mühle

Den Zitronensaft und das Olivenöl in eine große Salatschüssel geben. Salz und
Pfeffer zugeben und die Couscous-Körner einrieseln lassen. Alles mischen und
20 Minuten quellen lassen, dabei ab und zu umrühren.

Die Tomaten 10 Sekunden in kochendes Wasser tauchen und häuten. 5 davon in
sehr kleine Würfel schneiden und die anderen beiseitestellen. Die Gurke schälen,
entkernen und ebenfalls in sehr kleine Würfel schneiden. Die Tomaten- und
Gurkenwürfel, die Zwiebeln, die Oliven und den Tabasco® zum Couscous geben.
Mit Salz und Pfeffer würzen und alles mischen. Etwa 2 Stunden lang in den
Kühlschrank stellen und zwischendurch regelmäßig mit einer Gabel umrühren,
damit die Körner nicht aneinanderkleben. Petersilie und Minze zugeben und
untermischen.

Die übrigen Tomaten in kleine Würfel schneiden, auf dem Boden der Gläser verteilen und mit Taboulé auffüllen. Bis zum Servieren im Kühlschrank aufbewahren.

Sie können auch ein „Meeresfrüchte-Taboulé" zubereiten. Dafür den Couscous
im Saft von 3 Limetten quellen lassen und 200 g frischen gedünsteten Seeteufel
oder Lachs sowie 100 g geschälte Garnelen und 100 g Krebsfleisch zufügen.
Außerdem können Sie Couscous auch durch Bulgur ersetzen und es etwas länger
in Zitronensaft und Olivenöl marinieren.

Gemüse-Flan

Für 6 Personen
6 Wassergläser
Zubereitung: 40 Minuten

2 große Möhren • 3 Zucchini • 1 Aubergine • 150 g Ziegenkäse • 4 Eier • 1 zerdrückte Knoblauchzehe • 350 ml Milch • 350 ml Crème fraîche • 3 EL Olivenöl • 30 g Butter • Grobes Meersalz • Salz • Pfeffer aus der Mühle

Die Aubergine waschen, den Stiel entfernen und in Würfel schneiden. Die Auberginenwürfel in ein Sieb geben, mit dem Meersalz bestreuen und 30 Minuten Wasser ziehen lassen. Die Zucchini waschen und in Würfel schneiden. Die Möhren schälen, in sehr dünne Scheiben schneiden und 10 Minuten in kochendem Wasser ziehen lassen. Beiseitestellen. Die Auberginenwürfel abspülen und mit Küchenpapier abtupfen. Anschließend mit den Zucchini und dem Knoblauch in Olivenöl und Butter bei schwacher Hitze 5 bis 6 Minuten andünsten. Salzen und pfeffern und zugedeckt etwa 15 Minuten garen lassen. Anschließend alles im Mixer zerkleinern.

In einer Schüssel Milch, Crème fraîche und die Eier verrühren, salzen und pfeffern. Das zerkleinerte Gemüse und den in grobe Würfel geschnittenen Ziegenkäse zufügen und alles gut mischen. Die Gläser mit Butter einfetten. Die Karottenscheiben an der Glaswand anordnen und die vorbereitete Mischung hineingeben, bis das Glas zu ¾ gefüllt ist.

Bei geschlossenem Topf und schwacher Hitze im Wasserbad oder im Dampf oder, wenn die Gläser hitzebeständig sind, im Backofen bei 180 °C (Stufe 6) 45 Minuten garen.

Sie können die Flans auch mit Tomatensud überziehen. Dazu 1 Zwiebel, 1 Schalotte und 1 zerdrückte Knoblauchzehe 2 bis 3 Minuten in Öl andünsten. 500 g gehäutete, entkernte und in Würfel geschnittene Tomaten sowie ein Bouquet garni zufügen und 40 Minuten köcheln lassen. Dabei ab und zu umrühren. Einen TL Zucker zufügen, salzen, pfeffern und durch die Flotte Lotte passieren.

Rührei
mit Speck

Für 6 Personen
6 Wassergläser
Zubereitung: 20 Minuten

12 Eier • 12 Scheiben mageren Speck (oder 6 Scheiben Räucherschinken) • 130 g Butter • Salz • Pfeffer aus der Mühle

Wasser in einem großen Topf zum Kochen bringen. Die Speckscheiben in etwa 1 cm breite Streifen schneiden und 2 bis 3 Minuten unter dem Backofen-Grill bräunen oder in einer Pfanne ohne Fett goldbraun braten. Abtropfen lassen und beiseitestellen.

Die Eier in einer Schüssel mit einer Gabel leicht schaumig schlagen, salzen und pfeffern. 50 g Butter in einem Topf zerlassen, den Topf vom Feuer nehmen und die Eiermasse zufügen. Den Topf ins Wasserbad über den großen Topf mit dem kochenden Wasser stellen. Bei schwacher Hitze etwa 10 Minuten unter ständigem Rühren mit einem Holzspatel stocken lassen. Mit dem Spatel auch seitlich am Topf entlangfahren, damit die Eiermasse nicht ansetzt. Vom Herd nehmen und weiterrühren, sonst wird das Rührei zu trocken. Die übrige Butter zufügen und untermischen.

Den unteren Glasrand jeweils mit einem Speckstreifen auskleiden. Das Glas bis zur Hälfte mit Rührei auffüllen. Mit einem Streifen Speck bedecken und wiederum eine Schicht Rührei daraufsetzen. Mit dem restlichen Speck garnieren.

Sobald das Rührei im Topf beginnt, fest zu werden, können Sie wahlweise 250 g in Stücke geschnittene Garnelen oder 3 entkernte und in kleine Würfel geschnittene Tomaten oder 3 EL gehackten Schnittlauch oder Gurkenwürfel zufügen.

Knackige Rohkost-Variation

Für 6 Personen
6 Whiskygläser
Zubereitung: 45 Minuten

500 g Champignons • 250 g Kirschtomaten • 3 Möhren •
1 kleiner Blumenkohl • 1 Gurke • 1 Bund Radieschen •
Saft von 1 Zitrone
Für die Knoblauchmayonnaise: 2 Eigelb (Zimmertemperatur) • 3 zerdrückte Knoblauchzehen • 300 ml Sonnenblumenöl • Salz • Pfeffer aus der Mühle
Für die rote Sauce: 2 Eigelb (Zimmertemperatur) •
1 TL Senf • 1 EL Ketchup • 300 ml Sonnenblumenöl •
Salz • Pfeffer aus der Mühle

Die Gurke schälen, der Länge nach halbieren, entkernen und in Würfel schneiden. Den Blumenkohl putzen und in kleine Röschen teilen. Die Möhren schälen, waschen und in Stifte schneiden. Die Champignons putzen, in dünne Scheiben schneiden und mit dem Zitronensaft beträufeln. Die Kirschtomaten waschen. Die Radieschen putzen.

Für die Knoblauchmayonnaise in einer Schüssel das Eigelb mit dem Schneebesen schlagen. Nach und nach das Öl und den Knoblauch zufügen und kräftig aufschlagen. Unter ständigem Rühren salzen und pfeffern.

Für die rote Sauce das Eigelb mit dem Senf in einer Schüssel schlagen. 1 Minute ruhen lassen. Dann nach und nach das Öl zugeben und dabei weiter kräftig aufschlagen. Den Ketchup zugeben. Salzen, pfeffern und gut verrühren.

Richten Sie das Gemüse in den Gläsern an und servieren Sie die Saucen getrennt davon in Schnapsgläsern.

Sie können auch eine Kräutermayonnaise zubereiten. Dazu 5 Stiele Schnittlauch und 3 Stängel glatte Petersilie gehackt zufügen. Damit das Gemüse noch knackiger ist, legen Sie es 1 Stunde in Eiswasser (bei den Radieschen nur das untere Ende).

Avocado mit Krebsfleisch

Für 6 Personen
6 Wassergläser
Zubereitung: 20 Minuten

7 reife Avocados • 150 g frisches Krebsfleisch oder
aus der Dose • 180 g geschälte Tiefseegarnelen •
1 Prise mildes Paprikapulver • 1 Stängel glatte Petersilie •
1 EL gehackter Schnittlauch • Saft von 1 Zitrone •
3 EL Mayonnaise • 80 g Crème fraîche • Salz • Pfeffer
aus der Mühle

Die Avocados halbieren. Das Fruchtfleisch mit einem Löffel herausheben, in Würfel schneiden und mit dem Zitronensaft beträufeln. Salzen und pfeffern. Im Mixer zerkleinern oder mit einer Gabel zerquetschen. Mit Klarsichtfolie abdecken und kalt stellen.

Das zerzupfte Krebsfleisch mit Paprika und Mayonnaise mischen. Die Crème fraîche mit dem Schneebesen leicht schlagen und den Schnittlauch unterheben. Salzen und pfeffern.

In jedes Glas 2 EL Krebsmayonnaise füllen, eine Schicht Garnelen und eine Schicht Avocadocreme daraufsetzen und das Ganze einmal wiederholen. Mit einem Löffel Schnittlauchcreme abschließen und mit ein paar Petersilienblättern garnieren.

Wenn Sie mögen, können Sie der Avocadocreme 5 oder 6 Tropfen Tabasco® zufügen.

Tintenfisch
mediterran

Für 6 Personen
6 Wassergläser mit Stiel
Zubereitung: 1 Stunde

16 frische oder tiefgekühlte Tintenfische • 2 Tomaten •
60 g schwarze Oliven ohne Stein • 4 in feine Scheiben geschnittene Zwiebeln • 4 fein gehackte Knoblauchzehen •
1 Stängel frisch gehackte Petersilie • ½ TL Currypulver •
Öl • 2 Prisen feinster Kristallzucker • Salz • Pfeffer aus
der Mühle

Die Tintenfische waschen und auf Küchenpapier abtropfen lassen. In etwa ½ cm
dicke Ringe schneiden. In einem Schmortopf mit Öl bei schwacher Hitze offen
10 Minuten garen.

Währenddessen die Tomaten 10 Sekunden in kochendes Wasser tauchen und häuten. Entkernen, das Fruchtfleisch in kleine Stücke schneiden und zusammen mit
dem Knoblauch, dem Zucker, dem Currypulver, der Petersilie und den gehackten
Oliven in den Topf geben. Salzen, pfeffern und zugedeckt bei schwacher Hitze
30 Minuten köcheln lassen, bis die Tintenfische weich sind (Sie können auch
½ Glas Wasser oder Weißwein zugeben). Salzen und pfeffern. In einer Pfanne mit
Öl die Zwiebeln bräunen.

Zum Anrichten auf den Boden der Gläser eine Schicht Zwiebeln, dann eine Schicht
Tintenfisch und wiederum eine Schicht Zwiebeln füllen.

Zum Tintenfisch passen gut geröstete Roggenbrotwürfel, die Sie in der Pfanne mit
etwas Olivenöl und 1 Knoblauchzehe rösten, oder Brot mit Tapenade, die Sie im
Mixer aus 250 g entsteinten schwarzen Oliven, 3 EL Olivenöl, 1 Knoblauchzehe
und 1 Prise Thymian zubereiten.

Gazpacho

Für 6 Personen
6 Schnapsgläser oder kleine Wassergläser
Zubereitung: 30 Minuten + 1 Nacht Kühlzeit

7 Tomaten • 1 Gurke • 60 g Frischkäse • 1 Zwiebel •
2 Knoblauchzehen • 10 Blätter gehacktes Basilikum •
2 Stängel glatte Petersilie • 400 g Toastbrot • 10 Scheiben
Weißbrot ohne Kruste • 1 EL Weißweinessig • 3 EL
Olivenöl • 1 EL grobes Meersalz • Salz • Pfeffer aus der
Mühle

Die Tomaten mit einem Schaumlöffel 10 Sekunden lang in kochendes Wasser tauchen und häuten, dann entkernen und (bis auf eine Tomate zum Garnieren) in kleine Würfel schneiden. Die Gurke schälen, entkernen und in Würfel schneiden. Die Tomaten- und Gurkenstücke mit grobem Salz bedecken und über Nacht im Kühlschrank Wasser ziehen lassen.

Am nächsten Tag die Tomaten- und Gurkenstücke abspülen und abtropfen lassen. Die Zwiebel und 1 Knoblauchzehe schälen und fein hacken. Alles in eine Schüssel geben. Das Basilikum, das Toastbrot, den Essig und das Öl zugeben. Salzen und pfeffern. In den Mixer geben und anschließend durch ein Sieb seihen. Je nach gewünschter Konsistenz noch etwas Wasser zufügen.

Das Weißbrot unter dem Backofen-Grill oder im Toaster rösten. Die Scheiben mit der zweiten, zerteilten Knoblauchzehe einreiben und in Würfel schneiden. Die Gazpacho in die Gläser füllen, darauf die kleingeschnittene letzte Tomate und Stückchen vom Frischkäse verteilen und mit ein paar Blättern Petersilie garnieren. 20 Minuten kalt stellen und mit den Knoblauchcroutons servieren.

Sie können die Gazpacho auch mit einem Tomaten-Granité abrunden: Dafür 3 Tomaten für 10 Sekunden in kochendes Wasser tauchen und häuten. Im Mixer zerkleinern und zur Seite stellen. 500 ml Wasser und 60 g Zucker zum Sieden bringen und so einen Sirup herstellen. 2 Eiweiß sehr steif schlagen und vorsichtig unter das Tomatenpüree heben. Den Sirup zugeben und unterheben. 3 Stunden im Gefrierfach kalt stellen. Dann das Granité mit einem Löffel abschaben und auf der Gazpacho verteilen.

Toast mit Fourme d'Ambert

Für 6 Personen
6 Wassergläser
Zubereitung: 20 Minuten

300 g Fourme d'Ambert (frz. Blauschimmelkäse aus Kuhmilch) • 10 Scheiben Graubrot • 3 Bananen • 1 Bund frisch
gehackter Koriander • 1 Bund frisch gehackter Kerbel •
½ Bund frisch gehacktes Basilikum • ½ Bund glatte gehackte Petersilie • 3 EL Weinessig • 1 TL Sherry-Essig •
7 EL Olivenöl • Salz • Pfeffer aus der Mühle • 6 Spieße

Aus jeder Brotscheibe zwei runde Stücke schneiden (je nach Größe etwa 4 – 6 cm
Durchmesser). Die Bananen zerdrücken und eine Schicht des Pürees auf jedes
Brotstück streichen. Darauf den Blauschimmelkäse krümeln. Etwa 3 Minuten unter
dem Backofen-Grill oder bei starker Oberhitze im Ofen überbacken.

Gehackten Koriander, Basilikum, Petersilie und Kerbel mischen. 1 Prise Salz im
Essig auflösen. Mit dem Schneebesen einen Schuss Olivenöl unterschlagen und
mit Pfeffer würzen. Diese Vinaigrette über den Kräutersalat geben.

Jeweils drei der Käse-Banane-Schnittchen auf einen Spieß stecken und in ein Glas
stellen. Dazu den Kräutersalat reichen.

Statt der Bananen können Sie auch Birnen verwenden.

Artischocken-Terrine mit Foie gras

Für 6 Personen
6 Whiskygläser
Zubereitung: 45 Minuten + 2 Stunden Kühlzeit

600 g Foie gras mi-cuit (halbkonservierte Enten- oder Gänseleber, im Glas oder aus der Dose) • 10 frische Artischockenböden • Saft von 2 Zitronen • 2 EL Balsamico-Essig • 2 EL Oliven-öl • 7 EL Traubenkernöl • 1 Päckchen Gelatinepulver

1 l Wasser zum Kochen bringen. Den Zitronensaft, das Olivenöl und die Artischockenböden hineingeben. Bedeckt 35 Minuten bei mittlerer Hitze garen. Die Artischockenböden anschließend auf einen Teller legen, mit Traubenkernöl und Balsamico-Essig bedecken und etwa 30 Minuten bei Zimmertemperatur marinieren.

Währenddessen den Aspik mit dem Kochwasser nach Packungsanweisung zubereiten. Die Foie gras in etwa 1 cm dicke Scheiben schneiden, die etwa der Größe des Glasdurchmessers entsprechen. Die Artischockenböden ebenfalls in Scheiben dieser Größe schneiden.

Eine Schicht Aspik auf den Boden jedes Glases geben und 15 Minuten im Kühlschrank fest werden lassen. Dann eine Artischockenscheibe darauflegen und mit Aspik bedecken. Wiederum 15 Minuten in den Kühlschrank stellen. Nun eine Scheibe Foie gras daraufsetzen und ebenfalls mit Aspik bedecken. Erneut 15 Minuten kalt stellen. Das Ganze wiederholen und die Terrinen mit einer dünnen Aspik-Schicht abschließen. Vor dem Servieren noch einmal 2 Stunden in den Kühlschrank stellen.

Solange der Aspik noch flüssig ist, können Sie ihn mit Cognac oder Madeira würzen. Außerdem können Sie die Artischockenböden mit gemahlenem Koriander und Korianderblättern aromatisieren.

Lachs-Lasagne mit Sauerampfer

Für 6 Personen
6 kleine Auflaufformen aus Glas
Zubereitung: 40 Minuten

400 g Lasagneblätter • 400 g frisches Lachsfilet •
400 g Ricotta • 200 g geriebener Parmesan • 2 Bund
Sauerampfer • 1 gehackte Zwiebel • 1 gehackte Schalotte •
2 EL Crème fraîche • 4 EL Olivenöl • Salz • Pfeffer aus
der Mühle

Backofen auf 210 °C (Stufe 7) vorheizen. Wasser mit etwas Salz in einem großen Topf zum Kochen bringen. Die Lasagneblätter darin etwa 4 Minuten kochen lassen (bei nicht vorgekochten Lasagneblättern verdoppelt sich die Kochzeit etwa). Abgießen und abtropfen lassen. Eine der kleinen Auflaufformen als Form benutzen und entsprechend große Kreise aus den Lasagneblättern ausstechen. Beiseitestellen.

Den Lachs 8 Minuten in Fischsud pochieren oder 15 Minuten dünsten. Die Haut und die Gräten entfernen und das Fischfleisch zerpflücken. Die Stiele vom Sauerampfer entfernen und die Blätter waschen. In einer Pfanne mit Öl bei schwacher Hitze 5 Minuten andünsten und beiseitestellen. Die Zwiebel und die Schalotte 15 Minuten bei schwacher Hitze bräunen und zum Lachs geben.

In jede Auflaufform eine Lasagnescheibe legen und mit jeweils einer Schicht Sauerampfer, Lachs und Ricotta bedecken. Salzen, pfeffern und mit Olivenöl beträufeln und das Ganze wiederholen. Mit einer Lasagnescheibe und einer Schicht Crème fraîche abschließen, dann mit Parmesan bestreuen. Den Ofen auf 180 °C (Stufe 6) herunterschalten und etwa 15 Minuten lang garen.

Sie können den Sauerampfer auch durch Blattspinat ersetzen, den Sie 5 Minuten in kochendem Wasser blanchieren.

Blutwurst mit Apfelkompott und Maroilles

Für 6 Personen
6 Whiskygläser
Zubereitung: 40 Minuten

600 g Blutwurst • 3 Äpfel (Golden Delicious) •
1 Maroilles (frz. Weichkäse aus Kuhmilch mit Rotschmiere) •
30 g Butter • Salz • Pfeffer aus der Mühle

Die Äpfel schälen und vom Kerngehäuse befreien. In Stücke schneiden und 20 Minuten bei schwacher Hitze in Butter und 1 EL Wasser garen. Salzen, pfeffern und beiseitestellen. Die Blutwurst in einer Pfanne bei schwacher Hitze 20 Minuten anbraten oder im Backofen bei 180 °C (Stufe 6) garen. Die Haut von der Blutwurst entfernen und diese sowie den Maroilles in Scheiben schneiden.

In jedes Glas jeweils eine Schicht Blutwurst, Apfelkompott und Maroilles füllen und das Ganze wiederholen. Mit einer Käse-Schicht abschließen und die Gläser, wenn sie hitzebeständig sind, 3 Minuten unter dem Backofen-Grill überbacken.

Wenn Sie möchten, können Sie dieses Rezept zum Schluss noch mit einer Schicht Maronenpüree verfeinern.

Nudelsalat mit Pesto und Oliven

Für 6 Personen
6 Whiskygläser
Zubereitung: 30 Minuten

400 g Fusilli oder Penne • 150 g Thunfisch in Öl • 5 Anchovisfilets • 150 g Feta • 125 g in Würfel geschnittener
Mozzarella • 4 EL geriebener Parmesan • 300 g gehackte
schwarze Oliven ohne Kern • 5 TL Pinienkerne • 3 Knoblauchzehen • 8 Stängel Basilikum • 3 Stängel glatte Petersilie • 250 ml Olivenöl • Salz • Pfeffer aus der Mühle

Die Nudeln kochen, abschrecken und gut abtropfen lassen. In eine große Schüssel
geben. Den Thunfisch, die in kleine Stücke geschnittenen Anchovisfilets, den zer-
bröckelten Feta, den Mozzarella und die Oliven dazugeben. Salzen, pfeffern, alles
gut mischen und kalt stellen.

Für das Pesto den Knoblauch und 7 Stängel Basilikum in einem Mörser zerreiben.
Nach und nach Parmesan und 150 ml Öl unter ständigem Rühren zugeben. Die
Pinienkerne im Mörser zerkleinern und zu der Masse geben.

Die Blätter des letzten Basilikumstängels abzupfen und in das restliche Olivenöl
einlegen. Die Gläser mit dem Nudelsalat füllen und mit einigen Blättern Petersilie
garnieren. Das Pesto und das Basilikumöl getrennt dazu servieren.

Für das Kräuteröl können Sie das Basilikum auch durch Rosmarin ersetzen.
Das Pesto kann im Voraus zubereitet und in einem Eiswürfelbehälter tiefgekühlt
werden. So ist es etwa 5 Monate haltbar.

Mini-Club-Sandwich mit Pita-Brot

Für 6 Personen
6 Longdrink-Gläser
Vorbereitungszeit: 30 Minuten

6 Pita-Brote • 400 g helles Filetfleisch (Pute, Huhn ...) • 3 Tomaten • 3 Zwiebeln • 200 g Quark • 2 EL gehackter Schnittlauch • einige Blätter Kopfsalat • Öl • Salz • Pfeffer aus der Mühle • 6 Spieße

Den Backofen auf 180 °C (Stufe 6) vorheizen. Die Zwiebeln in sehr feine Scheiben schneiden. Den Quark und den Schnittlauch mischen. Salzen, pfeffern und beiseitestellen. Die Tomaten 10 Sekunden in kochendes Wasser tauchen, häuten und in dünne Scheiben schneiden. Einen Pinsel in Wasser tauchen, die Pita-Brote damit anfeuchten und sie 2 bis 3 Minuten im Ofen oder im Toaster rösten. Das Fleisch 15 Minuten bei mittlerer Hitze in einer Pfanne mit Öl braten. Salzen, pfeffern und abkühlen lassen. Anschließend in dünne Scheiben schneiden.

Die Pita-Brote der Länge nach aufschneiden. Das Innere mit dem Schnittlauchquark bestreichen und mit den Tomatenscheiben, einer Schicht Zwiebeln, einigen Fleischscheiben und Salatblättern garnieren. Die Pita-Brote wieder zuklappen und vierteln.

Die Stücke aufspießen und die Pita-Spieße auf die Gläser verteilen.

Sie können auch „Pita nach Fischerart" zubereiten. Dazu Zitronensaft unter etwas Mayonnaise rühren, damit die Brote innen bestreichen und mit Garnelen und Räucherlachs garnieren. Zu diesen Pitas passt gut ein Weißkohlsalat mit geraspelten Karotten und Zwiebeln.

Räucherfisch und Kaviar mit Zitronen-Creme

Für 6 Personen
6 Wassergläser
Zubereitung: 15 Minuten

6 Scheiben Räucherlachs • 6 Scheiben geräucherter Schwertfisch • 6 Scheiben geräucherter Heilbutt • 6 EL roter und schwarzer Seehasen-Kaviar • 6 EL Lachs-Kaviar • 60 g Queller (beim Fischhändler erhältlich) • 1 EL gehacktes Basilikum • 1 EL gehackter Dill • Saft von 4 Zitronen • 200 ml Crème fraîche • 1 EL Sahnemeerrettich • Salz • Pfeffer aus der Mühle

Die Hälfte des Zitronensafts unter die Crème fraîche mischen. Salzen, pfeffern und mit dem Schneebesen so lange schlagen, bis die Konsistenz von Schlagsahne erreicht ist. Basilikum, Dill und Sahnemeerrettich zufügen und untermischen.

Auf den Boden jedes Glases einen Esslöffel der Zitronencreme füllen. Mit einer Schicht Seehasen- und einer Schicht Lachs-Kaviar bedecken. Wiederum eine Schicht Zitronencreme einfüllen und den Queller bis auf einige Stücke für die Garnitur darauf verteilen. Jeweils eine Scheibe der drei verschiedenen Räucherfische darüber anordnen.

Mit einigen Quellersprossen garnieren und mit dem restlichen Zitronensaft beträufeln. Vor dem Servieren kalt stellen.

Zu den skandinavischen Gläsern passen gut Garnelen-Röllchen: Schneiden Sie dafür Brick-Teig (in gut sortierten Supermärkten und Asialäden erhältlich) in Quadrate von 10 cm Seitenlänge. In die Mitte legen Sie jeweils eine geschälte Garnele mit einem EL gehacktem Gemüse Ihrer Wahl, das Sie zuvor in der Pfanne angebraten haben. Salzen, pfeffern und verschließen Sie die Röllchen. Lassen Sie die gefüllten Teigstücke 10 Minuten trocknen, bevor Sie sie 1 bis 2 Minuten in Öl frittieren.

34

Tomaten-
Gurken-Tatar

Für 6 Personen
6 Whiskygläser
Zubereitung: 15 Minuten + 30 Minuten Kühlzeit

180 g Thunfisch natur • 6 Tomaten • 2 Gurken • 400 g in
Würfel geschnittener Feta • 2 Stängel Basilikum • Saft von
1 Zitrone • 1 EL Weinessig • 7 EL Olivenöl • Salz • Pfeffer
aus der Mühle

Die Tomaten 10 Sekunden in kochendes Wasser tauchen, häuten und in kleine
Würfel schneiden. In den Kühlschrank stellen. Die Gurken schälen, der Länge nach
aufschneiden und mithilfe eines Teelöffels entkernen. In kleine Würfel schneiden
und auf einen Teller legen. Mit Salz bestreuen, dann den Teller mit Klarsichtfolie
bedecken und 30 Minuten in den Kühlschrank stellen. Anschließend die Gurken
abspülen und abtropfen lassen.

Essig, Öl, Zitronensaft aufschlagen und das gehackte Basilikum zugeben. Salzen
und pfeffern. Diese Mischung über die Tomaten und die Gurken geben, ohne diese
zu mischen.

In jedes Glas jeweils eine Schicht Thunfisch, Feta, Gurken und Tomaten füllen und
das Ganze wiederholen. Vor dem Servieren kalt stellen.

Sie können den Thunfisch auch durch gehackte Anchovisfilets ersetzen.

Jacobs-muscheln mit Parmesan

Für 6 Personen
6 Wassergläser mit Stiel
Zubereitung: 30 Minuten

18 frische oder tiefgekühlte Jacobsmuscheln • 3 EL frisch geriebener Parmesan • 3 EL Weißbrot ohne Kruste • 3 Knoblauchzehen • 3 EL gehackte Petersilie • 3 EL gehackter Kerbel • Butter • Öl • Salz • Pfeffer aus der Mühle

Wenn Sie die Jacobsmuscheln frisch kaufen, bitten Sie Ihren Fischhändler, sie zu öffnen. Unter fließendem kalten Wasser abspülen, um den Sand zu entfernen. Das Muschelfleisch herauslösen, dabei den Bart entfernen und auf Küchenpapier abtropfen lassen. Salzen und pfeffern.

Die Knoblauchzehen schälen und fein hacken. Die Jacobsmuscheln in einer beschichteten Pfanne in Öl von jeder Seite 3 Minuten anbraten. Salzen, pfeffern und Knoblauch, Petersilie und Kerbel zugeben. Vorsichtig mischen. Die Jacobsmuscheln in eine ofenfeste Form legen (oder direkt in die Gläser, wenn sie hitzebeständig sind). Die Kochflüssigkeit mit dem Brot, dem Parmesan und einem teelöffelgroßen Stück Butter zu einer Masse verarbeiten.

Die Jacobsmuscheln mit einer Schicht davon bedecken und einige Minuten im Backofen grillen. Anschließend die gratinierten Jacobsmuscheln in die Gläser geben.

Probieren Sie die Jacobsmuscheln auch mit Parmesanplätzchen: Dafür vermischen Sie für jedes Plätzchen 3 EL geriebenen Parmesan und 1 TL Wasser zu einer Paste. Formen Sie kleine Taler daraus und geben Sie jeweils drei davon bei schwacher Hitze mit etwas Öl in eine beschichtete Pfanne. Braten Sie die Plätzchen 2 Minuten goldbraun an, nach dem Wenden die andere Seite noch 1 Minute und lassen Sie sie einige Minuten auf Küchenpapier abtropfen.

Lachs-Rillettes

Für 6 Personen
6 Wassergläser
Zubereitung: 30 Minuten + 2 Stunden Kühlzeit

600 g frischer Lachs • 100 g Räucherlachs • 1 Eigelb •
1 Bund Schnittlauch • Saft von 2 Zitronen • 200 ml Schlagsahne • 125 g Naturjoghurt (1 Becher) • 1 EL Olivenöl •
100 g weiche gesalzene Butter • Salz • Pfeffer aus der
Mühle

Den frischen Lachs 5 Minuten in Fischsud kochen oder etwa 10 Minuten dünsten, dann abkühlen lassen. Den Räucherlachs in ganz kleine Würfel von 2 bis 3 mm schneiden. Den Schnittlauch waschen und hacken. Den abgekühlten Lachs von Haut und Gräten befreien. Vorsichtig mit den Fingerspitzen zerpflücken. Beide Sorten Lachs miteinander mischen.

Das Eigelb, den Joghurt, die Hälfte des Zitronensaftes, das Olivenöl und die Butter im Mixer zu einer homogenen Masse verarbeiten. Salzen, pfeffern und die Hälfte des Schnittlauchs zugeben. Den Lachs unter die Mischung rühren.

Die Sahne schlagen. Restlichen Zitronensaft und Schnittlauch zugeben. Salzen und pfeffern. In jedes Glas eine Schicht Lachs-Rillettes füllen und mit einer Schicht Schlag-sahne bedecken. Vor dem Servieren etwa 2 Stunden in den Kühlschrank stellen.

Reichen Sie zu den Lachs-Rillettes Kartoffelchips: Schälen Sie einige Kartoffeln und schneiden Sie sie in sehr feine Scheiben, die Sie in Wasser tauchen und mit einem Handtuch abtupfen. Braten Sie die Kartoffelscheiben 3 Minuten in heißem Fett und lassen Sie sie auf Küchenpapier abtropfen. Erhitzen Sie das Fett erneut und braten Sie die Chips noch einmal darin, bis sie goldbraun sind.

Ei in Aspik

Für 6 Personen
6 Wassergläser
Zubereitung: 30 Minuten + 4 Stunden Kühlzeit

6 extrafrische Eier • 60 g Seehasen-Kaviar • 120 g Queller
(fragen Sie Ihren Fischhändler) • 6 EL Schnittlauch • 150 ml
Schlagsahne • 100 ml Weinessig • 1 Päckchen Gelatinepulver • 1 l Wasser • Salz • Pfeffer aus der Mühle

Den Aspik nach Packungsanweisung zubereiten. Eine Schicht von 1 cm davon auf
den Boden der Gläser füllen und jeweils 1 TL Kaviar darauf verteilen. 1 Stunde in
den Kühlschrank stellen.

Wasser und Essig zum Kochen bringen. Ein Ei in eine Tasse aufschlagen. Vorsichtig
in das siedende Wasser gleiten lassen. Von jeder Seite 1½ Minuten garen, dann auf
Küchenpapier abtropfen und abkühlen lassen. Die übrigen Eier auf dieselbe Weise
kochen. Jeweils eine Schicht Queller auf dem gestockten Aspik verteilen. Noch etwas Aspik darauffüllen und wiederum 1 Stunde im Kühlschrank fest werden lassen.

Mithilfe einer Schere das Eiweiß dicht am Eigelb begradigen. Pro Glas ein Ei auf den
Aspik setzen. Mit Pfeffer würzen. Anschließend mit Aspik bis 1 cm unterhalb des
Glasrandes auffüllen und 2 Stunden in den Kühlschrank stellen. Die Sahne schlagen. Salzen, pfeffern und den Schnittlauch zufügen. Alles mischen und eine Schicht
davon auf jedes Glas setzen.

Wenn Sie möchten, können Sie den Boden der Gläser mit jeweils einer Scheibe
Räucherlachs auskleiden, bevor Sie den Aspik einfüllen.

Pilz-Risotto

Für 6 Personen
6 Wassergläser
Zubereitung: 45 Minuten

400 g Risotto-Reis (Arborio) • 200 g Pilze (Totentrompeten oder Champignons) • 3 EL frisch geriebener Parmesan • 1 gehackte Zwiebel • 1 Prise Safranpulver • 1 Bund frisch gehackte Petersilie • Saft von ½ Zitrone • 100 ml trockener Weißwein • 2 Würfel Fleischbrühe • 3 EL Olivenöl • 90 g Butter • Salz • Pfeffer aus der Mühle

Pilze gründlich waschen und fein schneiden. Mit Zitronensaft beträufeln. 30 g Butter in einem großen Topf schmelzen. Die Pilze zufügen und bei mittlerer Hitze zugedeckt 15 Minuten anbraten, bis sie beginnen zu bräunen. Petersilie zufügen, unterrühren und weitere 30 Sekunden braten, dann auf einen Teller füllen und den Topf für später beiseitestellen. 1,5 l Wasser zum Kochen bringen und die Brühwürfel zufügen.

Im vorher benutzten Kochtopf 30 g Butter und das Olivenöl erhitzen. Den Reis zufügen und 3 bis 4 Minuten bei schwacher Hitze darin wenden, bis die Körner glasig sind. Den Wein dazu gießen und bei mittlerer Hitze etwa 15 Minuten garen, bis die Flüssigkeit verkocht ist. Eine Kelle heiße Brühe zufügen und 5 Minuten weiterkochen lassen, dabei ständig rühren, damit der Reis nicht klebt. Eine weitere Kelle Brühe zugeben und nochmals 5 Minuten weiterkochen und -rühren. Wiederholen, bis der Reis weich ist. Wenn die Brühe nicht reicht, kochendes Wasser zugeben. Die restliche Butter, den Parmesan und den Safran zufügen. Salzen, pfeffern und alles gut mischen.

In jedes Glas abwechselnd eine Schicht Pilze und eine Schicht Reis füllen, bis alles verbraucht ist. Das Risotto kann im Voraus zubereitet und dann in der Mikrowelle oder im Wasserbad wieder erhitzt werden.

Sie können die Pilze auch durch getrocknete Tomaten oder Auberginen ersetzen und das Risotto mit Parmesanspänen bestreuen.

44

Desserts

LAS

Blaubeer-
Grieß

Für 6 Personen
6 Wassergläser
Zubereitung: 30 Minuten

250 g feiner Grieß • 6 EL Blaubeerkonfitüre (oder andere
Fruchtkonfitüre) • 1 Vanilleschote • 1 Stängel frische
Minze • abgeriebene Schale von 1 Zitrone • 1 l Milch
(möglichst Vollmilch) • 30 g Butter • 110 g feinster Kristallzucker

Den Zucker in die Milch geben. Die Vanilleschote der Länge nach aufschlitzen und
das Mark herauskratzen. Zusammen mit der Zitronenschale ebenfalls in die Milch
geben und bei starker Hitze zum Kochen bringen. Die Hitze reduzieren und 15 Minuten köcheln lassen. Vom Herd nehmen und den Grieß einrieseln lassen, mischen
und bei schwacher Hitze noch einmal etwa 5 Minuten kochen lassen. Den Topf
vom Herd nehmen, die in kleine Stücke geschnittene Butter zufügen, noch einmal
mischen und dann abkühlen lassen.

Den Grießbrei auf die Gläser verteilen. Mit einer Schicht Blaubeerkonfitüre bedecken und mit Minzeblättern garnieren.

Bevor Sie den Grießbrei in die Gläser füllen, können Sie je nach Geschmack
noch 5 EL Rosinen oder gehackte Trockenpflaumen unterrühren. Variante: mit
Himbeerkonfitüre.

Mont Blanc

Für 6 Personen
6 Wassergläser
Zubereitung: 1½ Stunden

400 g Maronencreme • 100 g Stücke von kandierten Maronen • 3 Eiweiß • 1 Vanilleschote • 60 ml brauner Rum • 300 ml Sahne • 70 g weiche Butter • 50 g Puderzucker • 30 g feinster Kristallzucker • Salz

Für die Baisers den Ofen auf 120 °C (Stufe 4) vorheizen. Das Eiweiß mit einer Prise Salz aufschlagen. Sobald es langsam fest wird, den Zucker zugeben und weiterschlagen, bis es steif ist. 1,5 cm dicke Baisers mit einem etwas geringeren Durchmesser als dem der Gläser auf ein mit Backpapier ausgelegtes Blech setzen. In den Ofen schieben und etwa 1 Stunde backen. Die fertigen Baisers bei Raumtemperatur abkühlen lassen.

Die Vanilleschote der Länge nach aufschlitzen und das Mark in die Sahne kratzen. Den Puderzucker zufügen und kräftig zu Schlagsahne schlagen.

Die Butter und den Rum unter die Maronencreme rühren. Ein Baiser auf jeden Glasboden setzen. Darüber die Maronen-Rum-Creme, die Maronenstücke und die Schlagsahne schichten. Eine weitere Schicht Maronenstücke und Maronencreme hinzufügen und mit einer Schicht Schlagsahne und einem Baiser abschließen. Mit einem Stück Marone garnieren.

Wenn Sie keine kandierten Maronen haben, kandieren Sie die Früchte selbst: Bringen Sie dazu 500 ml Wasser mit 500 g feinstem Kristallzucker und dem Mark einer Vanilleschote zum Kochen. Lassen Sie die Maronen darin mindestens 45 Minuten lang köcheln und geben Sie eventuell noch etwas Wasser zu.

Île flottante

Für 6 Personen
6 Eisbecher
Zubereitung: 20 Minuten

6 Eier • 500 ml Milch • 1 Vanilleschote • 150 g feinster Kristallzucker

Für die Englische Creme die Vanilleschote der Länge nach aufschneiden und auskratzen. Die Milch mit dem Mark und der Vanilleschote zum Kochen bringen. Währenddessen die Eier trennen. Das Eiweiß beiseitestellen und das Eigelb mit 100 g Zucker in einer großen Schüssel schaumig schlagen. Langsam und unter behutsamem Rühren die kochende Vanillemilch dazugießen. Zusammen wieder in den Topf geben und bei schwacher Hitze 4 Minuten erhitzen. Dabei ständig weiterrühren, weil die Mischung nicht kochen darf. Vom Herd nehmen und abkühlen lassen. Hin und wieder umrühren und zum Schluss die Vanilleschote entfernen.

Das Eiweiß zu sehr steifem Schnee schlagen. Den restlichen Zucker zugeben und noch 1 Minute weiterschlagen. In einem großen Topf 1,5 l Wasser zum Kochen bringen. Mithilfe von zwei Esslöffeln drei Eischneekugeln formen und in das siedende Wasser geben. Nach zwei Minuten wenden und von der anderen Seite noch 1 Minute pochieren. Auf Küchenpapier abtropfen lassen. Auf dieselbe Weise drei weitere Kugeln herstellen.

Die Englische Creme in die Eisbecher gießen und jeweils eine „schwimmende Insel" daraufsetzen.

Sie können zusätzlich gebrannte Mandeln zerstoßen und die Krümel über die fertigen Gläser streuen oder eine Englische Creme mit Schokolade zubereiten. Dafür fügen Sie 100 g gehackte Zartbitterschokolade zu, solange die Creme noch heiß ist. Wenn Sie sie bereits am Vortag zubereiten und im letzten Moment in den Mixer geben, ist sie noch cremiger.

Birne
Helene

Für 6 Personen
6 Eisbecher
Zubereitung: 30 Minuten

6 reife Birnen • 100 g Zartbitterschokolade mit 70 % Kakao •
500 ml Vanilleeis • 1 Vanilleschote • Saft von 3 Zitronen •
150 ml Milch (möglichst Vollmilch) • 1 l Wasser • 500 g
feinster Kristallzucker

Die Birnen schälen, ohne dabei die Stiele zu entfernen, und sofort mit einem Drittel des Zitronensaftes beträufeln. Das Wasser, den Zucker und den restlichen Zitronensaft in einen Topf geben. Die Vanilleschote der Länge nach aufschneiden und das Mark herauskratzen. Vanillemark und -schote ebenfalls zufügen und zum Kochen bringen. Dann die Birnen hineingeben, abdecken und die Früchte 5 Minuten pochieren. Dabei hin und wieder drehen.

Die Schokolade langsam im Wasserbad schmelzen und nach und nach die heiße Milch unter Rühren zugeben. Die Schokoladensauce bei sehr schwacher Hitze bis zum Servieren im Wasserbad warm halten.

In jedes Glas eine Kugel Vanilleeis geben. Eine Birne daraufsetzen und mit Schokoladensauce übergießen.

Sie können statt der Birnen auch Pfirsiche verwenden und die Schokoladensauce durch Johannisbeergelee ersetzen.

Schokoladen-suppe mit Kokos-plätzchen

Für 6 Personen
6 Wassergläser
Zubereitung: 30 Minuten + 1 Stunde Kühlzeit

Für die Schokoladensuppe: 200 g Zartbitterschokolade mit 70 % Kakao • 2 Zimtstangen • 700 ml Milch (möglichst Vollmilch)
Für die Kokosplätzchen: 300 g Kokosraspeln • 20 g Apfelmus • 5 Eiweiß • 300 g feinster Kristallzucker

Für die Kokosplätzchen den Ofen auf 210 °C (Stufe 7) vorheizen und ein Backblech bereithalten. Die Kokosraspeln, das Apfelmus, das Eiweiß und den Zucker gut mischen und zu einer recht dicken Masse verarbeiten.

Mit der Hand kleine Kugeln daraus formen und auf das mit Backpapier ausgelegte Blech setzen. In den Ofen schieben und etwa 5 Minuten backen, bis die Plätzchen Farbe annehmen.

Für die Schokoladensauce die Schokolade behutsam im Wasserbad oder in der Mikrowelle schmelzen. Die Milch zum Kochen bringen. Die Hitze reduzieren, die Zimtstangen zugeben und etwa 15 Minuten darin ziehen lassen. Unter ständigem Rühren nach und nach die Milch zur Schokolade gießen. Die Schokoladensuppe auf die Gläser verteilen und mit Klarsichtfolie abdecken. 1 Stunde lang in den Kühlschrank stellen. Um eine noch cremigere Konsistenz der Suppe zu erreichen, gibt man sie direkt vor dem Servieren in den Mixer. Zusammen mit den Kokosplätzchen reichen.

Sie können zu dieser Suppe auch geröstete Babybananen servieren. Dazu die Bananen bei starker Hitze mit etwas Butter in einer beschichteten Pfanne 1 bis 2 Minuten anbraten. 1 EL Wasser zufügen, mit braunem Zucker bestreuen und 1 weitere Minute braten.

Eiskaffee mit Kaffee-Crossies

Für 6 Personen
6 Eisbecher
Zubereitung: 20 Minuten

2 Blätter Filo-Teig, etwa 20 x 30 cm (in vielen türkischen
Lebensmittelgeschäften erhältlich) • 1 l Kaffee-Eis •
90 g Kaffeebohnen • 200 ml starker gezuckerter Kaffee •
250 ml Sahne • 60 g geschmolzene Butter • 1 Päckchen
Vanillezucker • 60 g brauner Zucker

Den Backofen auf 180 °C (Stufe 6) vorheizen. Für die Kaffee-Crossies mit einem
Pinsel ein wenig Butter auf dem Teigblatt verteilen. Mit etwas braunem Zucker
bestreuen. Das zweite Teigstück darauflegen, wiederum mit Butter einstreichen
und mit Zucker bestreuen. Einige Kaffeebohnen darauf verteilen und für 3 Minuten
in den Ofen schieben.

Die Sahne mit dem Vanillezucker steif schlagen. In jeden Eisbecher 2 Kugeln
Kaffee-Eis füllen. Jeweils 1 EL Kaffee und 1 EL Schlagsahne darübergeben. Die
Kaffee-Crossies in Stücke brechen und auf den Eisbechern verteilen.

Zum Eiskaffee passen gut Mürbekekse mit Schokolade. Außerdem können Sie
die Kaffeebohnen auch durch kleine Splitter von Kakaobohnen ersetzen und statt
Kaffee-Eis Schokoladeneis verwenden, das Sie mit geschmolzener Schokolade
überziehen.

Milch-Shake
Tropicana

Für 6 Personen
6 Longdrink-Gläser
Zubereitung: 20 Minuten + 30 Minuten Kühlzeit

7 Passionsfrüchte • 4 reife Bananen • 3 Kugeln Vanilleeis •
1 Prise Zimt • Saft von 1 Zitrone • 700 ml Milch • 200 ml
Wasser • 6 Eiswürfel • 2 Blatt Gelatine • 70 g feinster
Kristallzucker
Zum Verzieren: 2 Sternfrüchte

Die Gelatineblätter 10 Minuten in etwas kaltem Wasser einweichen. 40 g Zucker
mit 200 ml Wasser zu einem Sirup aufkochen. Eine Banane schälen und mit dem
Saft und dem Fruchtfleisch der Passionsfrüchte im Mixer zerkleinern. Diese Mischung in den heißen Sirup geben, dann die ausgedrückten Gelatineblätter zufügen
und alles gut verrühren. Die Zubereitung auf die Gläser verteilen und für etwa
30 Minuten in den Kühlschrank stellen.

Die restlichen Bananen schälen und mit Zitronensaft beträufeln. Mit Vanilleeis,
Milch, Zimt, dem restlichen Zucker und den Eiswürfeln mischen. Auf das Bananen-
Passionsfrucht-Püree gießen, die Gläser mit einer Sternfruchtscheibe garnieren und
sofort servieren.

Reichen Sie zu den Milch-Shakes Zitronen-Madeleines. Heizen Sie dafür zunächst
den Backofen auf 210 °C (Stufe 7) vor. Schmelzen Sie 180 g Butter in einem Topf
und lassen Sie sie wieder abkühlen. Geben Sie die abgeriebene Schale von 1 Li-
mette, 5 Eier und 200 g Zucker in eine Schüssel und schlagen Sie alles 5 Minuten
lang mit dem Schneebesen. Fügen Sie nun 200 g Mehl, 2 gestrichene TL Backpul-
ver und die Butter zu und mischen alles gut unter. Streichen Sie die Madeleine-
Form leicht mit Butter aus, füllen Sie die Masse hinein und backen sie 12 Minuten
bei 180 °C.

Kirschsuppe

Für 6 Personen
6 Longdrink-Gläser
Zubereitung: 30 Minuten

500 g Süßkirschen (Sorte Burlat) • 250 g Lebkuchen •
200 g Quark • Saft von ½ Zitrone • 200 ml Wasser •
120 g feinster Kristallzucker

Die Kirschen waschen und entsteinen. Das Wasser mit dem Zucker und dem Zitronensaft zum Kochen bringen. Die Kirschen hineingeben und 15 Minuten bei schwacher Hitze köcheln. Nach dem Abkühlen im Mixer verarbeiten und das Kirschpüree durch ein Sieb seihen. Den Lebkuchen in kleine Stücke schneiden und unter dem Backofen-Grill rösten.

Die Gläser mit der Kischsuppe füllen. Jeweils einen EL Quark und ein Stück Lebkuchen daraufsetzen.

Als Dekoration für die Gläser können Sie selbst glasierte „Liebeskirschen" herstellen: Kochen Sie dafür 150 g Zucker und 3 EL Wasser in einem kleinen Topf auf und lassen Sie die Mischung so lange weiterkochen, bis sie langsam braun wird. Stellen Sie nun den Topf in ein Gefäß mit etwas Eiswasser. Halten Sie die Kirschen an den Stielen, tauchen Sie sie in den Karamell und lassen sie auf Backpapier abkühlen.

Mandel-souffle

Für 6 Personen
6 ofenfeste kleine Gläser oder Tassen
Zubereitung: 15 Minuten

3 Eier • 100 g Marzipan • 150 g Sahne • 50 g feinster
Kristallzucker

Den Backofen auf 180 °C (Stufe 6) vorheizen. Die Eier trennen. Das Eigelb in einer
Schüssel mit der Sahne und dem in kleine Stücke geschnittenen Marzipan vermischen. Alles in den Mixer geben und zu einem glatten Teig verarbeiten.

Das Eiweiß mit dem Zucker zu steifem Schnee schlagen. Zur Marzipanmasse geben
und gut unterheben. Die Tassen zu ⅔ mit der Masse füllen und 15 Minuten im
Ofen backen.

Sofort servieren.

Sie können die Soufflés mit ein paar abgezogenen ganzen Mandeln garnieren,
die Sie vor dem Backen auf den Teig legen, oder getrocknete Aprikosenstückchen
unter den Teig ziehen und die Soufflés mit einem Aprikosensorbet servieren.

Sahnequark
mit Brownies

Für 6 Personen
6 Eisbecher
Zubereitung: 45 Minuten

100 g Zartbitterschokolade mit 70 % Kakao • 60 g gehackte
Walnüsse (oder gehackte Pekannüsse) • 2 Eier • 25 g Mehl •
500 g Sahne • 500 g Quark • 75 g weiche Butter •
200 g feinster Kristallzucker

Für die Brownies den Backofen auf 180 °C (Stufe 6) vorheizen. Die weiche Butter in
eine Schüssel geben. 100 g Zucker zufügen und schaumig schlagen.

Die Schokolade in Stücke brechen und im Wasserbad schmelzen. Die Eier in die
Butter-Zucker-Mischung aufschlagen, das Mehl zugeben und alles zu einem glatten
Teig verarbeiten. Die Schokolade und die Nüsse zufügen und unterrühren. Die
Masse in einer mit Butter ausgestrichenen Tarte-Form 25 bis 30 Minuten im Ofen
backen.

Währenddessen den Sahnequark zubereiten. Dafür die Sahne 5 Minuten lang schlagen. Den Quark und den restlichen Zucker zugeben und unterschlagen. Mit einem
der Gläser runde Brownies aus dem gebackenen Teig ausstechen. Jeweils eine Schicht
Sahnequark gefolgt von einem Brownie und wiederum einer Schicht Sahnequark in
die Gläser füllen.

Reichen Sie dazu Erdbeeren oder kleine Fruchtspieße.

Vanille-Schoko-Windbeutel

Für 6 Personen
6 kleine Gläser
Zubereitung: 30 Minuten

18 Windbeutel (vom Bäcker) • 200 g Zartbitterschokolade mit 70 % Kakao • 500 ml Vanilleeis • 4 EL gehackte geröstete Haselnüsse • 4 EL Sahne • 40 g Butter

Von den Windbeuteln einen Deckel abschneiden und mit Vanilleeis füllen. Den Deckel wieder aufsetzen und bis zum Servieren ins Eisfach stellen.

Die Schokolade in Stücke brechen und in einem kleinen Topf im Wasserbad unter Rühren behutsam schmelzen. Die Sahne aufkochen und abseits der Kochstelle in die Schokolade einrühren. Dann zusammen wieder für etwa 4 Minuten bei schwacher Hitze auf den Herd stellen, jedoch nicht mehr kochen lassen. Die Butter stückchenweise zufügen und mit dem Schneebesen kräftig unterschlagen.

Die Windbeutel in die Gläser setzen. Getrennt davon die heiße Schokolade in einer Karaffe und die Haselnüsse in einem Schälchen servieren.

Sie können die Windbeutel auch mit etwas Maronencreme und Vanilleeis füllen und sie mit einer Mischung aus Englischer Creme und Maronencreme überziehen, die sie im Mixer zubereiten. Bestreuen Sie die Windbeutel mit Stücken von kandierten Maronen.

Pfirsich-Charlotte

Für 6 Personen
6 Whiskygläser
Zubereitung: 30 Minuten + 2 Stunde Kühlzeit

12 weiße oder gelbe Pfirsiche (oder 300 g eingemachte
Pfirsiche) • 30 Löffelbiskuits • 100 g Pistazien •
250 g Quark • 150 g Mascarpone • Saft von 2 Orangen •
1 l Wasser • 300 g feinster Kristallzucker

Das Wasser und 250 g Zucker zum Kochen bringen. Die geschälten ganzen Pfirsiche
in diesem Sirup 15 Minuten bei schwacher Hitze pochieren. Die Löffelbiskuits
1 Minute im Orangensaft einweichen. Durchschneiden und unten an der Glaswand
senkrecht anordnen. Den Quark, den Mascarpone und den restlichen Zucker mit
dem Schneebesen aufschlagen. Die Pfirsiche abtropfen lassen und vierteln. Eine
Schicht der Mascarpone-Creme unten in den Gläsern verteilen, darauf die Pfirsiche
legen und eine weitere Mascarpone-Schicht darübergeben. Mit Löffelbiskuits und
Pfirsichen bedecken. Vor dem Servieren etwa 2 Stunden in den Kühlschrank stellen.

Die Desserts mit den gerösteten und gehackten Pistazien garnieren.

Sie können auf dieselbe Weise auch Birnen-Charlotte zubereiten und die Löffelbiskuits durch Katzenzungen ersetzen.

Zitronen-Mousse

Für 6 Personen
6 Wassergläser
Zubereitung: 30 Minuten + 3 Stunden Kühlzeit

Für die Quarkcreme: 150 g Quark • 150 ml Sahne • Saft von 1 Zitrone • 2 Eigelb • 1 Blatt Gelatine • 50 g feinster Kristallzucker
Für das Zitronengelee: Saft von 5 Zitronen • 100 ml Wasser • 2 Blatt Gelatine • 50 g feinster Kristallzucker
Für die Biskuitkrümel: 15 Mürbekekse • 2 EL geschmolzene Butter • 2 EL feinster Kristallzucker

Für die Biskuitkrümel die Mürbekekse zerkrümeln und mit der geschmolzenen Butter und dem Zucker mischen. Eine Schicht davon auf dem Boden der Gläser verteilen und beiseitestellen.

Für die Zitronencreme das Gelatineblatt etwa 10 Minuten in etwas Wasser einweichen. Das Eigelb mit dem Zucker in einer großen Schüssel schaumig schlagen und beiseitestellen. Die Sahne steif schlagen und beiseitestellen. Den Saft von 1 Zitrone erhitzen, vom Herd nehmen und die abgetropfte und ausgedrückte Gelatine hineinrühren. Diesen Zitronensaft unter ständigem Rühren mit dem Quark, der Schlagsahne und der Eier-Zucker-Mischung vermengen und dabei abkühlen lassen. Die Masse auf die Biskuitkrümel geben und die Gläser damit zu ⅔ füllen. 2 Stunden kalt stellen.

Am Ende der Kühlzeit das Zitronengelee zubereiten. Dafür die Gelatineblätter 10 Minuten in etwas kaltem Wasser einweichen. Das Wasser, den Zitronensaft und den Zucker aufkochen. Die abgetropfte und ausgedrückte Gelatine zu diesem Sirup geben und unter regelmäßigem Rühren abkühlen lassen. Das Gelee vorsichtig in die Gläser füllen und diese vor dem Servieren 1 Stunde kalt stellen.

Sie können kandierte Zitronenschale unter die Quarkmischung rühren oder auf dieselbe Weise auch Orangenmousse zubereiten.

Sommer-Crumble

Für 6 Personen
6 Wassergläser
Zubereitung: 30 Minuten

200 g Himbeeren • 200 g Johannisbeeren • 200 g Erdbeeren • 6 Kugeln Vanilleeis • 300 g Mehl • 120 g Butter •
250 g brauner Zucker

Den Backofen auf 180 °C (Stufe 6) vorheizen. Die in Stücke geschnittene Butter, 100 g Zucker und Mehl mischen und mit den Fingerspitzen so lange kneten, bis eine krümelige Konsistenz entsteht. Die Früchte waschen, entstielen und mit dem restlichen Zucker in einer Schüssel mischen.

Wenn die Gläser hitzebeständig sind, die Früchte direkt hineinfüllen, andernfalls in eine Auflaufform und zum Schluss auf die Gläser verteilen. Den Crumble-Teig grob über die Früchte krümeln. Etwa 20 Minuten backen, bis der Teig goldbraun ist. Die Gläser mit einer Kugel Vanilleeis darauf servieren.

Sie können den Teig auch aus 15 zerkrümelten Spekulatius, Butter und braunem Zucker zubereiten.

Waldbeeren-
Milchreis

Für 6 Personen
6 Trinkgläser
Zubereitung: 40 Minuten

250 Rundkornreis • 150 g Brombeeren • 150 g Himbeeren •
5 Eigelb • 2 l Milch (möglichst Vollmilch) • 1 Vanilleschote •
70 g Butter • 150 g feinster Kristallzucker
Zum Verzieren: 150 g rote Früchte Ihrer Wahl • 2 Stängel
frische Minze

Die Brombeeren und die Himbeeren waschen, putzen und auf Küchenpapier
abtropfen lassen. In eine Schüssel geben, mit 50 g Zucker bedecken und in den
Kühlschrank stellen.

Für den Milchreis 1,5 l Wasser zum Kochen bringen. Den Reis waschen und 2 Minuten im kochenden Wasser kochen. Abgießen und abtropfen lassen. Die Vanilleschote der Länge nach aufschlitzen und das Mark herauskratzen. In einem Topf
die Milch mit der Vanilleschote, dem Vanillemark und dem restlichen Zucker aufkochen. Den Reis hineingeben und 30 Minuten bei schwacher Hitze garen. Dabei
vorsichtig umrühren und aufpassen, dass der Reis nicht klebrig wird. Dann Eigelb
und Butter zugeben und 1 Minute auf dem Herd untermischen. Anschließend
abkühlen lassen.

Die Brombeeren und Himbeeren mit 300 ml Wasser im Mixer pürieren und anschließend durch ein Spitzsieb seihen. Eine Schicht des Fruchtpürees auf den Boden
der Gläser gießen und darauf den Milchreis verteilen. Mit Minzeblättern und roten
Früchten verzieren.

Als Variante können Sie kleine Apfelwürfel unter den gegarten Reis mischen.

Erdbeertorte
im Glas

Für 6 Personen
6 Wassergläser
Zubereitung: 1 Stunde + 2 Stunden Kühlzeit

Für den Sirup und zum Verzieren: 500 g Erdbeeren •
150 g Marzipan • 1 EL Kirschwasser • 100 ml Wasser •
100 g feinster Kristallzucker
Für den Biskuitteig: 3 Eier • 80 g Mehl • 20 g geschmolzene Butter • 80 g feinster Kristallzucker
Für die Creme: 4 Eigelb • 1 Ei • 1 Vanilleschote • 1 EL
Mehl • 3 EL Maizena® • 500 ml Milch (möglichst Vollmilch) • 120 g weiche Butter • 20 g feinster Kristallzucker

Für den Biskuitteig die Eier trennen. Den Backofen auf 180 °C (Stufe 6) vorheizen.
Den Zucker und das Eigelb schaumig schlagen, dann das Mehl zugeben. Das Ei-
weiß mit etwas Zucker steif schlagen, zugeben und unterheben. Ein Backblech mit
Backpapier auslegen und den Teig 1 cm dick daraufstreichen. 7 Minuten im Ofen
backen, die heiße Teigplatte auf ein Küchentuch stürzen und das Papier abziehen.
Mit einem der Gläser Kreise aus dem Biskuit ausstechen.

Für die Creme die Vanilleschote der Länge nach aufschneiden und auskratzen. Die
Milch mit Vanillemark und -schote zum Kochen bringen. Den Zucker mit dem Ei-
gelb und dem ganzen Ei in einer Schüssel schaumig schlagen. Dann Mehl und Mai-
zena® zugeben, kräftig weiterschlagen und etwas kochende Vanillemilch angießen.
Untermischen und dann alles in den Topf mit der Milch geben. Unter ständigem
Rühren aufkochen, die Hitze reduzieren und noch 2 Minuten weiterkochen. In eine
Schüssel füllen und 60 g weiche Butter zugeben. Gut unterrühren und mit Klarsicht-
folie abdecken. Nach dem Abkühlen die restliche Butter zugeben und unterrühren.

Für den Sirup Wasser und Zucker aufkochen. Das Kirschwasser zugeben und untermischen. Abkühlen lassen. Auf jeden Glasboden einen Biskuitkreis legen und mit
dem Sirup bepinseln. Die Erdbeeren waschen, putzen und halbieren und einen Teil
davon jeweils an der unteren Glaswand anordnen. Nun die Creme und weitere Erdbeeren darauf verteilen. Eine zweite Biskuitscheibe darauflegen, mit Sirup tränken
und die Schichten wiederholen. Die letzte Schicht Creme bis zum oberen Glasrand
füllen, glatt streichen und 2 Stunden in den Kühlschrank stellen. Zum Schluss eine
Scheibe ausgerollte Marzipanmasse auf das Glas setzen.

Gläser
für Verliebte

Für 2 Personen
2 Wassergläser
Zubereitung: 45 Minuten

1 Scheibe Brioche (oder süßes Weißbrot) • 1 haselnuss-
großes Stück Butter • 1 TL brauner Zucker
Für die weiße Schokoladencreme: 100 g weiße Schoko-
lade • 1 Eigelb • 50 ml Milch • 150 ml Sahne • ½ Blatt
Gelatine • 20 g feinster Kristallzucker
Für das Zitrusfrüchtekompott: 1 Orange • 10 g feinster
Kristallzucker

Für die weiße Schokoladencreme die Gelatine 10 Minuten in etwas kaltem Wasser
einweichen. Die weiße Schokolade hacken. In einem Topf die Milch aufkochen. Eigelb und Zucker in einer Schüssel schaumig schlagen. Die kochende Milch dazugeben und alles bei sehr schwacher Hitze für 2 bis 3 Minuten unter ständigem Rühren
wieder auf den Herd stellen. Die Masse sollte am Löffel kleben, aber auf keinen Fall
kochen. Die Creme über die gehackte weiße Schokolade geben und kräftig verrühren. Die Gelatine ausdrücken und zufügen. Abkühlen lassen und dabei regelmäßig
umrühren. Die Sahne steif schlagen und unter die Schokoladencreme heben.

Für das Zitrusfrüchtekompott die Orange schälen, dabei die weiße Haut vollständig
entfernen und einzelne Stücke teilen. Zusammen mit dem Zucker in einen Topf
geben und unter regelmäßigem Rühren 20 Minuten bei schwacher Hitze köcheln.
Abkühlen lassen.

Die Brioche-Scheibe in etwa 2 cm große Würfel scheiden und in einer Pfanne mit
der Butter und dem braunen Zucker goldbraun rösten. In jedes Glas eine Schicht
weiße Schokoladencreme gefolgt von jeweils einer Schicht Zitrusfrüchtekompott
und Brioche-Würfeln füllen und mit einer Schicht Schokoladencreme abschließen.
Mit einem Keks in Herzform garnieren und verliebt genießen!

Um dieses Dessert noch etwas knuspriger zu machen, legen Sie jeweils einen
Mürbekeks unten in das Glas.

Himbeer-
Tiramisu

Für 6 Personen
6 Whiskygläser
Zubereitung: 1 Stunde + 2 Stunden Kühlzeit

Für den Biskuitteig: 4 Eier • 100 g Mehl • 30 g geschmolzene Butter • 100 g feinster Kristallzucker
Für die Creme: 5 Eier • 300 g Mascarpone • 150 g feinster Kristallzucker
Für das Fruchtpüree und zum Verzieren: 750 g Himbeeren • Saft von ½ Zitrone • 50 g feinster Kristallzucker

Für den Biskuitteig die Eier trennen. Den Backofen auf 180 °C (Stufe 6) vorheizen. Den Zucker mit dem Eigelb schaumig schlagen. Dann das gesiebte Mehl zugeben und untermischen. Das Eiweiß mit etwas Zucker steif schlagen. Zusammen mit der Butter unter die Masse heben. Ein Blech mit Backpapier auslegen und den Teig etwa 1 cm dick darauf verteilen. 7 Minuten im Ofen backen, die heiße Teigplatte auf ein Küchentuch stürzen und das Backpapier entfernen. Mit einem der Gläser Kreise aus dem Biskuitteig ausstechen.

Für das Fruchtpüree die Himbeeren waschen, auf Küchenpapier abtropfen lassen und in eine Schüssel geben. Mit Zucker bestreuen und mit Zitronensaft beträufeln. 500 g beiseitestellen und den Rest im Mixer zerkleinern. Auf den Boden der Gläser jeweils ein Stück Biskuit legen, mit dem Himbeerpüree bestreichen und die Gläser anschließend für 10 Minuten in den Kühlschrank stellen.

Für die Mascarponecreme die Eier trennen. Das Eigelb mit dem Zucker schaumig schlagen. Den Mascarpone zufügen und gut unterrühren. Das Eiweiß steif schlagen und vorsichtig unter die Masse heben. Den bestrichenen Biskuitteig mit einer Schicht Mascarponecreme bedecken und darauf eine Schicht ganze Himbeeren setzen. Ein weiteres Biskuitstück oben aufsetzen und das Ganze wiederholen. Mit Himbeeren abschließen. Vor dem Servieren 2 Stunden in den Kühlschrank stellen.

Reichen Sie zum Tiramisu Schokoladen-Mürbekekse. Und wenn Sie das klassische Tiramisu lieber mögen, ersetzen Sie das Himbeerpüree durch starken, gesüßten und mit Amaretto aromatisierten Kaffee (3 EL auf 1 l Kaffee) und bestäuben es mit Kakao.

Kaltschale mit Zitrusfrüchten

Für 6 Personen
6 Whiskygläser
Zubereitung: 30 Minuten + 40 Minuten Kühlzeit

7 Pampelmusen • 7 Orangen • Saft von 3 Orangen •
1 Vanilleschote • 5 Stängel frische Minze • 200 ml Muskatellerwein • 8 Blatt Gelatine • 150 g feinster Kristallzucker

Die Gelatine 10 Minuten in etwas kaltem Wasser einweichen. Die leeren Gläser im
Kühlschrank vorkühlen. Die Orangen und die Pampelmusen schälen, dabei die
weiße Haut völlig entfernen und das Fruchtfleisch filetieren. Die einzelnen Stücke
auf Küchenpapier legen.

Für ein Orangengelee die Vanilleschote der Länge nach aufschlitzen, das Mark herauskratzen und zusammen mit der Schote, dem Muskatellerwein und dem Zucker
in den Orangensaft geben und aufkochen. 10 Minuten abkühlen lassen und durch
ein Sieb seihen. Die ausgedrückte Gelatine zugeben und gut verrühren.

In jedes Glas eine Geleeschicht geben und 10 Minuten im Kühlschrank fest werden
lassen. Dann eine Schicht Orangenfilets darauflegen, eine Schicht Gelee darübergie-
ßen und wiederum 10 Minuten in den Kühlschrank stellen. Das Ganze mit einer
Schicht Pampelmusenfilets wiederholen. Mit feinen Minzestreifen dekorieren.

Zu diesem Dessert passen gut Mandelplätzchen.

Mousse
au chocolat

Für 6 Personen
6 Whiskygläser
Zubereitung: 30 Minuten

Für die Mousse: 350 g Zartbitterschokolade mit 70 %
Kakao • 2 Eigelb • 5 Eiweiß • 125 g weiche Butter •
50 g feinster Kristallzucker
Zum Verzieren: 1 Tafel Schokolade

100 g Schokolade in kleine Nuggets hacken und beiseitestellen. Die restliche Schokolade behutsam im Wasserbad schmelzen. Vom Herd nehmen, Butter und Eigelb
zufügen und alles vorsichtig mischen. Das Eiweiß mit dem Zucker steif schlagen.
Zunächst ein Drittel des Eischnees unter die Schokolade rühren, dann das restliche
Eiweiß und die Schoko-Nuggets vorsichtig unterheben.

Die Mousse 2 Stunden kalt stellen und dann auf die Gläser verteilen. Mit großen
Schokoladenstücken garniert servieren.

Sie können die Schokoladen-Nuggets auch durch 100 g fein gehackte Kaffeebohnen ersetzen, die Sie bei schwacher Hitze 3 Minuten in der Pfanne anrösten.

Gewürzte Back-pflaumen

Für 6 Personen
6 Wassergläser mit Stiel
Zubereitung: 30 Minuten

700 g Backpflaumen • abgeriebene Schale von 1 Orange •
abgeriebene Schale von 1 Zitrone • 2 Zimtstangen •
1 Vanilleschote • 1 EL Korianderkörner • ½ TL Kardamomkörner • 2 Bund Minze • 1 l Rotwein • 350 g feinster
Kristallzucker

Die Pflaumen in einem Topf mit Wasser bedecken, aufkochen und dann abgießen.

Den Wein in einen Topf füllen. Die Vanilleschote der Länge nach aufschneiden und
das Mark direkt in den Wein kratzen. Die ausgekratzte Vanilleschote, die Orangen-
und Zitronenschale, die Koriander- und Kardamomkörner, den Zimt, die gewa-
schene und trocken getupfte Minze und den Zucker zugeben. Alles aufkochen,
5 Minuten lang kochen lassen und dann über die Pflaumen gießen. Mit Klarsichtfolie abdecken und abkühlen lassen. In Stielgläsern servieren.

Dieses Dessert schmeckt sowohl kalt als auch warm. Sie können diese Pflaumen
einfach so servieren oder sie zusammen mit Lebkuchenwürfeln und Bananen-
scheiben auf Spieße stecken und zu anderen Süßspeisen reichen.

Rezeptübersicht

VORSPEISEN IM GLAS

6   Hackfleisch-Kartoffelpüree
mit Tomaten

8   Taboulé

10 Gemüse-Flan

11 Rührei mit Speck

14 Knackige Rohkost-Variation

16 Avocado mit Krebsfleisch

18 Tintenfisch mediterran

19 Gazpacho

22 Toast mit Fourme d'Ambert

24 Artischocken-Terrine mit Foie gras

26 Lachs-Lasagne mit Sauerampfer

28 Blutwurst mit Apfelkompott
und Maroilles

29 Nudelsalat mit Pesto und Oliven

32 Mini-Club-Sandwich mit Pita-Brot

34 Räucherfisch und Kaviar
mit Zitronen-Creme

36 Tomaten-Gurken-Tatar

38 Jacobsmuscheln mit Parmesan

39 Lachs-Rillettes

42 Ei in Aspik

44 Pilz-Risotto

DESSERTS IM GLAS

48 Blaubeer-Grieß

50 Mont Blanc

52 Île flottante

53 Birne Helene

56 Schokoladensuppe
mit Kokosplätzchen

58 Eiskaffee mit Kaffee-Crossies

60 Milch-Shake Tropicana

62 Kirschsuppe

63 Mandelsoufflé

66 Sahnequark mit Brownies

68 Vanille-Schoko-Windbeutel

70 Pfirsich-Charlotte

71 Zitronen-Mousse

74 Sommer-Crumble

76 Waldbeeren-Milchreis

78 Erdbeertorte im Glas

80 Gläser für Verliebte

81 Himbeer-Tiramisu

84 Kaltschale mit Zitrusfrüchten

86 Mousse au chocolat

88 Gewürzte Backpflaumen

Verzeichnis der Zutaten

FLEISCH, GEFLÜGEL UND WURST

Blutwurst
Blutwurst mit
Apfelkompott und
Maroilles 28

Foie gras
Artischocken-Terrine
mit Foie gras 24

Rinderhack
Hackfleisch-
Kartoffelpüree
mit Tomaten 6

Speck
Rührei mit Speck 11

FISCH UND MEERESFRÜCHTE

Anchovis
Nudelsalat 29

Garnelen
Avocado mit
Krebsfleisch 16

Heilbutt
Räucherfisch und
Kaviar 34

Jacobsmuscheln
Jacobsmuscheln mit
Parmesan 38

Krebs
Avocado mit
Krebsfleisch 16

Lachs
Lachs-Lasagne mit
Sauerampfer 26
Lachs-Rillettes 39
Räucherfisch und
Kaviar 34

Queller
Räucherfisch und
Kaviar 34
Ei in Aspik 42

Schwertfisch
Räucherfisch und
Kaviar 34

Seehasen-Kaviar
Räucherfisch und
Kaviar 34
Ei in Aspik 42

Thunfisch
Nudelsalat 29
Tomaten-Gurken-
Tatar 36

Tintenfisch
mediterran 18

GEMÜSE

Artischocke
Artischocken-Terrine
mit Foie gras 24

Aubergine
Gemüse-Flan 10

Avocado
Avocado mit
Krebsfleisch 16

Blumenkohl
Rohkost-Variation 14

Gurke
Gazpacho 19
Rohkost-Variation 14
Taboulé 8
Tomaten-Gurken-
Tatar 36

Kartoffel
Hackfleisch-
Kartoffelpüree mit
Tomaten 6

Möhren
Gemüse-Flan 10
Rohkost-Variation 14

Pilze
Rohkost-Variation 14
Pilz-Risotto 44

Radieschen
Rohkost-Variation 14

Sauerampfer
Lachs-Lasagne mit
Sauerampfer 26

Tomate
Gazpacho 19
Hackfleisch-
Kartoffelpüree mit
Tomaten 6
Rohkost-Variation 14
Mini-Club-Sandwich
mit Pita-Brot 32
Tintenfisch
mediterran 18
Taboulé 8

Tomaten-Gurken-
Tatar 36

Zucchini
Gemüse-Flan 10

EIER UND MILCHPRODUKTE

Eier
Ei in Aspik 42
Île flottante 52
Mandelsoufflé 63
Rührei mit Speck 11

Feta
Nudelsalat 29
Tomaten-Gurken-
Tatar 36

Fourme d'Ambert
Toast mit Fourme
d'Ambert 22

Maroilles
Blutwurst mit
Apfelkompott und
Maroilles 28

Mascarpone
Himbeer-Tiramisu 81
Pfirsich-Charlotte 70

Mozzarella
Nudelsalat 29

Parmesan
Jacobsmuscheln mit
Parmesan 38
Lachs-Lasagne mit
Sauerampfer 26

Quark
Zitronen-Mousse 71
Kirschsuppe 62
Mini-Club-Sandwich
mit Pita-Brot 32
Pfirsich-Charlotte 70

Ricotta
Lachs-Lasagne mit
Sauerampfer 26

Ziegenkäse
Gemüse-Flan 10

NUDELN UND GETREIDE

Couscous
Taboulé 8

Fusilli
Nudelsalat 29

Grieß
Blaubeer-Grieß 48

Lasagne
Lachs-Lasagne mit
Sauerampfer 26

Reis
Pilz-Risotto 44
Waldbeeren-Milchreis
76

GEBÄCK

Brioche
Gläser für Verliebte
80

Graubrot
Toast mit Fourme
d'Ambert 22
Lebkuchen

Kirschsuppe 62

Pita-Brot
Mini-Club-Sandwich
mit Pita-Brot 32

OBST UND TROCKENOBST

Apfel
Blutwurst mit
Apfelkompott und
Maroilles 28
Schokoladensuppe
mit Kokos-
plätzchen 56

Backpflaume
Gewürzte
Backpflaumen 88

Banane
Milch-Shake
Tropicana 60
Toast mit Fourme
d'Ambert 22

Birne
Birne Helene 53

Blaubeere
Blaubeer-Grieß 48

Brombeere
Waldbeeren-
Milchreis 76

Erdbeere
Erdbeertorte
im Glas 78
Sommer-Crumble 74

Himbeere
Himbeer-Tiramisu 81
Sommer-Crumble 74

Waldbeeren-
Milchreis 76

Johannisbeere
Sommer-Crumble 74

Kirsche
Kirschsuppe 62

Kokosnuss
Schokoladensuppe
mit Kokos-
plätzchen 56

Marone
Mont Blanc 50

Nuss
Sahnequark mit
Brownies 66

Orange
Kaltschale mit
Zitrusfrüchten 84

Pampelmuse
Kaltschale mit
Zitrusfrüchten 84

Passionsfrucht
Milch-Shake
Tropicana 60

Pfirsich
Pfirsich-Charlotte 70

Pistazie
Pfirsich-Charlotte 70

Zitrone
Zitronen-Mousse 71

AROMEN UND GEWÜRZE

Kaffee
Eiskaffee mit Kaffee-
Crossies 58

Mandel
Erdbeertorte
im Glas 78
Mandelsoufflé 63

Schokolade
Birne Helene 53
Gläser für Verliebte
80
Mousse au chocolat
86
Sahnequark mit
Brownies 66
Schokoladensuppe
mit Kokos-
plätzchen 56
Vanille-Schoko-
Windbeutel 68

Vanilleeis
Birne Helene 53
Milch-Shake
Tropicana 60
Sommer-Crumble 74
Vanille-Schoko-
Windbeutel 68

Mein Dank

an Sophie, ohne die es dieses Buch nicht gäbe

an den großen Gaston Lenôtre

an Jean-Marc Guerignier, meinen Lehrmeister bei
Gaston Lenôtre, der mir die Leidenschaft an unserem
Handwerk vermittelt hat

an Nicole und Raymond Spitz, für ihre Unterstützung

an Didier, der mir den Weg in die wunderbare Welt
des Kochens wies

an Sylvie, die mir dieses Buchprojekt vorschlug

an Aurélie, für ihre Geduld, und an das ganze Team
von Minerva

an Philippe, der meine Rezepte so einfallsreich
in Fotos umgesetzt hat

an alle, die zur Realisierung dieses Kochbuchs
beigetragen haben

Benoît Molin

Kochen für
Freunde & Familie

Mahlzeiten in großer Runde sind viel mehr als nur ein Essen auf dem Tisch. In geselliger Atmosphäre entstehen glückliche Erinnerungen, die ein Leben lang halten. Rachel Allen hat unkomplizierte und sehr zeitgemäße Rezepte für ein modernes Kochbuch gesammelt – schnelle Familiengerichte für jeden Tag, Leckeres für Kinder, festliche Abendessen mit Freunden, romantische Dinner für zwei und Lieblingsgerichte für relaxte Wochenenden.

**Ab Oktober 2009 im Handel
und unter www.vgs.de!**

Rachel Allen
**Mein Familienkochbuch
Lieblingsrezepte für jeden Tag**
mit 130 farbigen Abbildungen und 150 Rezepten,
224 Seiten, gebunden
ISBN 978-3-8025-3686-1
€ 19,95 [D]

*Mit wenig Aufwand
abwechslungsreich und gut kochen!*

Rachel Allen

Die Originalausgabe erschien 2008 unter dem Titel
Les meilleures verrines bei Editions Minerva

Copyright © 2008, Editions Minerva, Genève, Suisse

Deutschsprachige Erstausgabe: © 2009 vgs
verlegt durch EGMONT Verlagsgesellschaften mbH,
Gertrudenstraße 30-36, 50667 Köln
Alle Rechte vorbehalten.

1. Auflage
Übersetzung aus dem Französischen: Kirsten Gleinig
Umschlaggestaltung: Zero Werbeagentur, München, www.zero-wa.de
Redaktion: Gabriele Kalmbach
Produktion: Simone Nauerth
Layout: Florence Cailly/Chine
Titelfoto: © Philippe Exbrayat / Editions Minerva
Satz: Achim Münster, Köln
Druck: Mame, Tours (Frankreich)
ISBN 978-3-8025-3688-5

www.vgs.de